딴생각 딴세상 6
무서운 에너지 고마운 에너지

초판 1쇄 발행 2018년 2월 10일
초판 3쇄 발행 2020년 8월 7일

글쓴이 | 신현경
그린이 | 우지현
펴낸이 | 김사라
펴낸곳 | 해와나무
편집 | 현민경, 강아람
디자인 | 함정인
마케팅 | 이택수
출판 등록 | 2004년 2월 14일 제312-2004-000006호
주소 | 서울특별시 영등포구 양산로23길 17 2층
전화 | (02)362-0938, 7675
팩스 | (02)312-7675
ISBN 978-89-6268-172-7 74330
       978-89-6268-119-2 (세트)

ⓒ 신현경, 우지현 2018

• 값은 뒤표지에 있습니다.
• 책 내용의 일부 또는 전부를 인용하거나 발췌하려면 반드시 저작권자와 출판사 양측의 서면 동의를 구해야 합니다.

이 책의 국립중앙도서관 출판도서목록(CIP)은 서지정보유통지원시스템 홈페이지(http://seoji.nl.go.kr)와
국가자료공동목록시스템(http://www.nl.go.kr/kolisnet)에서 이용하실 수 있습니다. (CIP 제어번호:CIP2018002904)

제조자명:해와나무 제조국명:대한민국 제조년월:2020년 8월 7일 대상 연령:7세 이상
전화번호:02-362-0938 주소:서울특별시 영등포구 양산로23길 17 2층
*KC마크는 이 제품이 공통안전기준에 적합하였음을 의미합니다.
주의:책의 모서리에 다치지 않게 주의하세요.

무서운 에너지 고마운 에너지

신현경 글 ★ 우지현 그림

해와나무

등장인물

난 플럭 1호! 강심장을 가진 사람을 찾고 있어.

난 플럭 2호! 전기 훔쳐 먹을 전봇대를 찾고 있어.

난 플럭 3호! 방사능 없는 안전한 곳을 찾고 있어.

난 플럭 4호! 눈치 없는 아저씨를 찾고 있어.

난 비오! 용감하고 눈치가 빨라.

난 비오 아빠! 덜렁대고 눈치가 없어.

차례

1. 고마운 전기
"펑펑 쓰면서도 몰랐겠지." ... 6

2. 우리 동네 전력망
"전기는 어떻게 집집마다 배달될까?" ... 26

3. 위험한 에너지원
"발전소가 늘어나는 게 걱정이야." ... 38

4. 안전한 재생 에너지
"아무리 써도 바닥나지 않아." ... 56

1. 고마운 전기
"펑펑 쓰면서도 몰랐겠지"

비오야, 아빠 왔다!

늦게 퇴근한 아빠가 하품을 하며 택배 상자를 열었다.
안에 든 물건 위에 편지가 놓여 있었다.

예전에 아빠한테 K아저씨 얘기를 들은 적이 있다.
으슥한 산골에 혼자 살면서 괴상한 물건만 만든다고 했다.
"내가 얘한테 내 꿈을 말했던가?"
아빠는 고개를 갸웃하더니 상자 안에서 물건을 꺼냈다.
"장난감이잖아. 비오야, 이거 아무래도 너한테 보낸 거 같다."
아빠는 너무 피곤하다면서 휘적휘적 방으로 들어가 버렸다.
거실에 혼자 남으니 오싹한 느낌이 들었다.
여덟 개의 부리부리한 눈이 나를 쏘아보는 듯했기 때문이다.
아무래도 장난감 같지 않았다. 나한테 보낸 것 같지도 않았다.
그래서 호기심이 생겼다.

플럭 사용 설명서

이름 : 플럭

유통 기한 : 절반은 일회용. "끄르륵끄르륵" 소리가 나고 5분 뒤 작동을 멈춤.

사용법 :

플럭 1호부터 차례대로 사용하시오.

플럭 1호의 주둥이를 콘센트에 꽂아 충전하시오.

2호 사용법은 1호한테 물어보시오.

3호 사용법은 2호한테 물어보시오.

4호 사용법은 3호한테 물어보시오.

가격 : 파는 물건 아님.

※주의 사항 : 플럭이 끔찍한 얘기를 할 수 있으니, 간이 콩알만 한 사람은 절대 사용하지 마시오.

"간이 콩알만 한 사람은 사용하지 말라고?"

본 적도 없는 K아저씨한테 무시당한 기분이었다.

나는 플럭들을 내 방으로 가져가 1호를 책상 콘센트에 꽂았다.

1호의 충전 표시등이 차오를수록 책상 전깃불이 희미해지더니, 갑자기 "파지직" 하며 꺼져 버렸다. 천장 형광등도 나가 버렸다.

충전 표시등에서 나오는 빛만이 내 방을 밝혔다.

"설마 이거 때문에 전기가 나갔나?"

슬쩍 건드리자 1호가 팔다리를 버둥거렸다.

나는 플럭을 뽑아 얼른 책상 위에 세웠다.

곧바로 플러그 모양의 주둥이에서 기계음이 흘러나왔다.

"놀랄 준비가 됐습니까?"

"나는 웬만해선 안 놀라. 강심장이거든."

내 말을 알아들을 리 없지만, 괜스레 오기가 나서 대꾸했다.

그러자 플럭 1호 눈에서 눈부신 빛이 쏟아져 나왔다.

"저길 봅니다."

나는 플럭 1호가 가리키는 벽을 바라보았다.

1호가 쏜 빛이 벽에 어떤 영상을 만들어 내고 있었다.

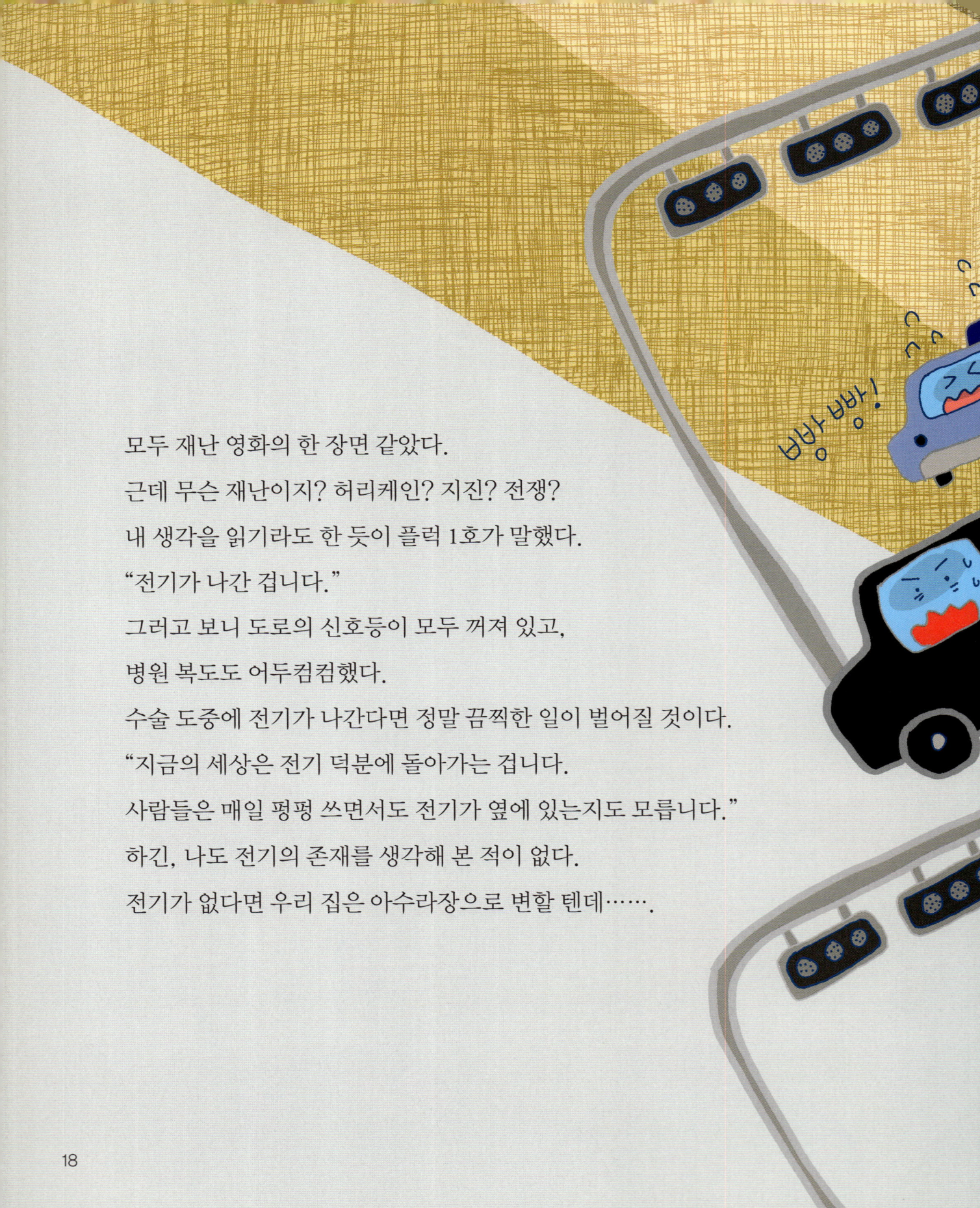

모두 재난 영화의 한 장면 같았다.
근데 무슨 재난이지? 허리케인? 지진? 전쟁?
내 생각을 읽기라도 한 듯이 플럭 1호가 말했다.
"전기가 나간 겁니다."
그러고 보니 도로의 신호등이 모두 꺼져 있고,
병원 복도도 어두컴컴했다.
수술 도중에 전기가 나간다면 정말 끔찍한 일이 벌어질 것이다.
"지금의 세상은 전기 덕분에 돌아가는 겁니다.
사람들은 매일 펑펑 쓰면서도 전기가 옆에 있는지도 모릅니다."
하긴, 나도 전기의 존재를 생각해 본 적이 없다.
전기가 없다면 우리 집은 아수라장으로 변할 텐데…….

허둥대는 아빠 모습을 그려 보다가 피식 웃고 말았다.
내 웃음을 오해했는지 플럭 1호가 딴소리를 했다.
"끔찍한 영상을 보고도 웃다니 정말 강심장입니다."
"그게 아니라……. 어? 근데 너 내 말을 알아듣는 거야?"
1호 몸에서 "끄르륵끄르륵" 소리가 났다.
설명서대로라면 곧 작동을 멈출 텐데, 그 전에 물어볼 게 있었다.
"2호 사용법을 알려 줘!"
"전봇대 가까이 가서 2호의 날개를 돌립니다."
"하나 더! K 아저씨가 너를 보낸 이유가 뭐지?
집 짓기랑 정전이 무슨 상관이야?"
"나는 고마운 전기 얘기만 합니다. K아…….
1호는 말을 하다 말고 멈춰 버렸다.

손전등을 비추며 계속 말을 걸었지만, 1호는 꼼짝도 하지 않았다.
다시 충전하려다가 우리 집 전기를 몽땅 빨아먹을까 봐 그만두었다.
내 방 불이 다 나간 걸 보면 전기를 엄청 먹는 게 분명했다.
나는 1호가 보여 준 영상을 되새겨 보다가 잠이 들었다.
아침에 눈을 뜨니 플럭 1호가 머리맡에 고꾸라져 있었다.
책상 위에 놓인 나머지 플럭들도 보였다.
나는 꿈을 꾼 게 아니었다.

일어나 봐. 1호.

2. 우리 동네 전력망
"전기는 어떻게 집집마다 배달될까?"

토요일인데도 아빠는 아침 일찍 일하러 나갔다.
식탁 위에 샌드위치와 쪽지가 있었다.

> 우리 아들 아침
> 챙겨 먹고,
> 학원 빼먹지
> 말기. 일찍 올게.

아빠한테는 미안하지만 오늘은 학원보다 급한 일이 있다.
나는 샌드위치를 입에 물고 2호의 포장을 뜯었다.
2호는 주둥이가 빨판 모양이고,
등에 바람개비가 달려 있었다.
2호에게는 플러그가 없어서 충전할 방법이 없었다.
나는 1호가 시킨 대로 해 보기로 했다.

'혹시 K 아저씨는 온 세상을 정전시키려는 악당이 아닐까?
1호는 우리 집 전기를 빨아먹고, 2호는 전봇대 전기를 빨아먹고…….'
전봇대 앞에서 플럭 2호를 든 채 망설이고 있는데,
바람이 불어와 2호 등에 달린 바람개비가 움직였다.
바람개비 도는 속도가 점점 빨라지더니 2호가 기지개를 켰다.
그러고는 올록볼록한 주둥이를 꼬물거리며 말했다.
"나 좀 놔줄래?"
내가 손을 놓자 2호가 휘잉 날아오르더니 전봇대 꼭대기
전선에 달라붙었다.

얼마 후 플릭 2호가 내 어깨에 살포시 내려앉았다.

"덕분에 배불리 먹었어. 집집마다 배달된 전기는 싱거워서 별로야. 발전소에서 온 전기를 전봇대에서 가로채서 먹는 게 좋아."

"전기가 맵고 짠맛이 나나? 싱겁다니?"

"전력이 약하면 내 입엔 싱거워. 전력은 전기의 세기를 뜻하는데……."

플릭 2호는 1호와 딴판이었다.

뿍뿍대는 목소리, 친근한 말투, 무엇보다 엄청 수다스러웠다.

지나가던 사람들이 우리를, 아니 나를 흘끔거렸다.

다 큰 어린이가 장난감이랑 이야기하고 있으니 당연했다.

나는 2호에게 딴 데 가서 얘기하자고 속삭였다.

학교 운동장은 토요일이라 텅 비어 있었다.
2호는 모래밭에 그림을 그리면서 쉴 새 없이 떠들었다.
"발전소에서 만들어진 전기는 전선을 따라 집집마다 배달되는데,
발전소에서 멀어질수록 내 입맛엔 안 맞아."

발전소

발전소에서는 전기를
일으키는 기계인
'발전기'로 전기를 생산해.

송전탑

발전소에서 나온 전기는 두꺼운
전선을 따라 멀리까지 이동하는데,
송전탑이 그 전선을 떠받쳐 줘.
송전탑 주위에는 고압 전기가
흐르니까 조심해야 해.

변전소

공장이나 집에서 이용하기
알맞도록 전기의 세기를
바꿔 주는 곳이야.

석탄이나 석유 같은 화석 연료를 태워서 얻은 열로 터빈을 돌리면
화력 발전소

우라늄이나 플루토늄의 원자핵을 폭발시켜서 얻은 열로 터빈을 돌리면
원자력 발전소

높은 곳에서 낮은 곳으로 떨어지는 물의 힘으로 터빈을 돌리면
수력 발전소

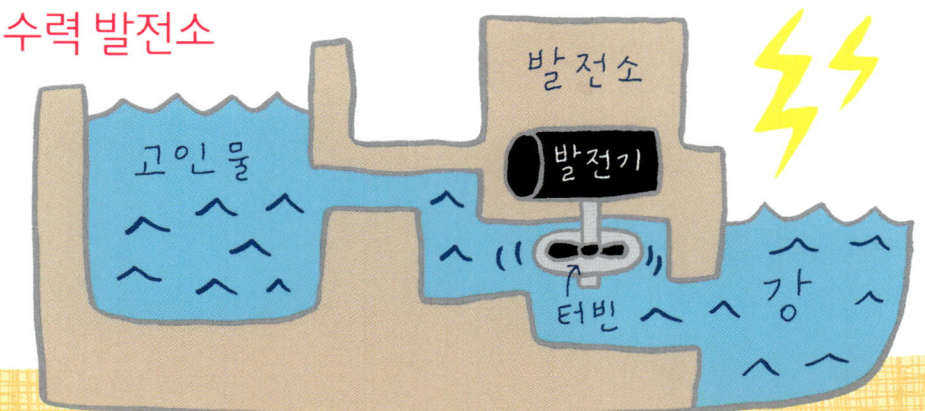

2호 몸에서 "끄르륵끄르륵" 경고음이 났다.

나는 마음이 급해졌다. 멈추기 전에 물어볼 게 많았다.

"3호 사용법을 알려 줘. K아저씨가 너를 보낸 이유가 뭐지?"

"3호한테 건전지를 넣어 줘. 참, 걔는 겁이 많아."

수다쟁이 2호의 주둥이가 뽈록거리다가 우뚝 멈췄다.

하필 같은 질문을 할 때마다 플럭이 멈춰 버리다니.

비밀이 탄로 날까 봐 K아저씨가 숨어서 조종하는 것만 같았다.

나는 3호를 깨우기 위해 집으로 달려갔다.

3. 위험한 에너지원
"발전소가 늘어나는 게 걱정이야."

건전지를 넣자마자 3호 머리에 달린 안테나에 노란 불이 들어왔다.
잠시 후 눈빛이 생생해지더니 3호가 다짜고짜 소리를 질렀다.
"무서워, 무서워!"
"나 무서운 사람 아니야. 난 비오인데, 2호가······."
"쉿! 조용히! 시끄러우면 정확하게 탐지 못해."
3호가 눈알을 굴리며 안테나를 흔들었다.
"휴, 여긴 안전하군. 방사능이 탐지되지 않았어."

3호는 우리 집 구석구석을 검사하고 싶어 했다.

"선생님이 방사능은 아주 위험하댔어. 근데 아무 데나 있겠어?"

"그럴 수도 있고 아닐 수도 있고. 암튼 안전이 최고니까."

3호가 밖을 내다보며 물었다.

"근처에 원자력 발전소는 없겠지?"

"우리나라 원자력 발전소는 스무 개도 넘어. 모두 안전하댔어."

"그럴 수도 있고 아닐 수도 있고. 암튼 안전이 최고니까."

3호가 말장난을 하는 것 같아 내가 짜증스레 말했다.

"겁주는 게 네 임무냐?"

"발전소가 계속 늘어날까 봐 걱정돼서 그래."

이건 또 무슨 뚱딴지같은 소리인지.

"관리를 잘못하거나 지진 같은 재난이 닥치면 원자력 발전소의
원자로가 폭발할 수도 있어. 1986년 우크라이나 체르노빌에서,
2011년 일본 후쿠시마에서 그런 사고가 있었어.
방사능이 누출돼 수많은 사람과 동물이 죽었고, 숲도 논밭도
못 쓰게 되었지. 방사성 물질은 바람을 타고 다른 나라까지 퍼졌고,
바다로도 흘러 들어갔어.
사고 지역은 아직까지도 접근 금지고,
방사능에 노출된 사람들은 온갖 병에 시달리고 있어.
그러니까 원자력 발전소는 정말로, 정말로 안전에 신경 써야 해.
전기를 생산한 다음 나오는 핵폐기물도 잘 처리해야 해.
핵폐기물은 수천 년 동안이나 방사능을 내뿜거든.
원자력 발전소가 늘어나면 핵폐기물도 늘어날 텐데, 걱정이야."

열린 창문으로 갑자기 비가 들이쳤다.

3호가 또다시 안테나를 흔들며 소리쳤다.

"산성비, 산성비! 무서워, 무서워."

"너 정말 엄살쟁이구나?"

"자동차, 공장, 화력 발전소. 여기저기에서 화석 연료를 태우잖아. 그때 나온 유독 가스가 비에 섞여서 내리는 게 산성비야. 식물이랑 땅에도 해롭고 우리 몸에도 무지 해롭다고."

"우리라니? 넌 사람이 아니라 괜찮아."

걱정 좀 그만하라고 한 말이었는데, 3호 얼굴이 시무룩해졌다.

"그래, 난 어차피 일회용이니까."

"나는 충전된 전기를 다 쓰고 나면 쓸모없어져.
화력 발전소도 화석 연료를 다 쓰고 나면 쓸모없어질걸?
석유는 50년, 석탄은 300년 후면 바닥날 거래.
화석 연료가 수억 년 전 살았던 동식물인 거 알아?
오랜 시간 동안 땅속에서 열과 압력을 받아 만들어진 건데,
사람들은 하루아침에 뚝딱 생기는 줄 아나 봐.
매일매일 화석 연료를 끌어내서 펑펑 쓰고 있거든."

석탄과 석유는 곧 바닥날 거야.

지구 온난화도 심각해.

"화석 연료를 하도 써서 지구 온난화까지 불러왔지.
화석 연료를 태울 때 나오는 이산화탄소가
지구 온난화를 일으키거든.
지구 온난화 때문에 지구의 날씨가 점점 이상해지고 있어.
어디서는 건물을 무너뜨릴 만큼 태풍이 강력해지고,
어디서는 가뭄이 심해져서 농지가 사막으로 변하고,
어디서는 녹아내린 빙하 때문에 섬이 물에 잠기고 있지.
이래도 내가 엄살 부린다고 할래?"

문득 2호가 그렸던 발전소 그림이 떠올랐다.

"원자력 발전소도 화력 발전소도 걱정이면 수력 발전소는 어때?

수력 발전소는 물을 이용하니까 걱정 없지?"

3호가 한숨을 내쉬고는 대답했다.

"대규모 댐을 짓는 수력 발전소는 생태계를 망가뜨릴 수도 있어.

댐 안에 갇힌 강물은 썩기 쉽거든.

그러면 물속에 사는 동식물이 어떻게 되겠어?

댐 때문에 여러 마을이 물에 잠긴 일도 있었어.

주민들은 살던 집과 농사짓던 땅을 두고 이사를 가야 했지."

자꾸자꾸 더 멋지고 더 편리한 전자 제품이 나온다.

그래서 집집마다 전자 제품이 늘어난다. 우리 집도 마찬가지다.

작년에는 에어컨이 생겼고, 곧 돌아올 내 생일에는 나만의 컴퓨터가 생길 거다.

그 다음에는 텔레비전을 더 큰 거로 바꾸기로 했고,

언젠가 로봇 청소기도 사기로 했다.

우리 집, 우리나라, 온 세상이 필요로 하는 전기는 점점 더 많아질 거다.

그러니까 발전소도 더 많이 필요하다.

그런데 3호 말을 들으니 발전소를 자꾸 지어서는 안 될 것 같았다.

내가 플럭 3호에게 물었다.

"환경을 해치지 않고 전기를 만들 방법은 없어?"

3호가 끄르륵거리며 대답했다.

"4호를 만나면 방법을 알게 될 거야. 4호는 햇빛이 필요해."

"잠깐! K 아저씨가 너를 보낸 이유가 뭐지?"

"K 아저씨? 난 K 아줌마밖에 몰라."

새 건전지를 넣어 봤지만 3호는 깨어나지 않았다.

아빠 친구 K가 아줌마라니!

4. 안전한 재생 에너지
"아무리 써도 바닥나지 않아."

때마침 아빠가 돌아왔다.

"아빠! K 아줌마 알아요?"

"너한테 선물 보내 준 내 친구잖아."

"아저씨가 아니라 아줌마였어요? 여자 친구라고 한 적 없잖아요?"

"남자 친구라고 한 적도 없는데?"

황당했다. 아빠한테 속은 기분이었다.

"그 친구가 보낸 선물은 맘에 들어?"

"선물 아니에요. 머리만 아프다고요."

나는 플럭 1, 2, 3호 이야기를 주르륵 쏟아 냈다.

아빠가 4호 등에 달린 네모난 물건을 만지작거리며 말했다.
"햇빛을 전기로 바꿔 주는 태양 전지 같은데······."
"아빤 플럭이 집 짓기랑 무슨 상관인지 안 궁금해요?"
"4호한테 물어보면 알겠지. 해 나면 베란다에 내놓자."

아빠랑 나는 오랜만에 함께 밥을 먹고 컴퓨터 게임도 했다.

"아빠, 나 그냥 아빠랑 컴퓨터 같이 쓸래요."

"생일 선물 다른 거 갖고 싶어졌구나?"

"그게 아니라. 전기를 아끼려고요."

"하긴, 에너지 부족 문제가 심각하다더라."

"누가요? K 아줌마가요?"

"언젠가 엉뚱한 문자를 보냈더라고."

"아줌마가 아빠더러 같이 살자고 한 거예요?"

"그게 그런 뜻이니?"

"아빠도 아줌마 좋아해요?"

아빠 얼굴이 엄청나게 빨개졌다.

구름 사이로 해가 조금 비쳐 4호를 들고 베란다로 나갔다.

내가 4호를 지켜보는 동안 아빠는 휘파람을 불며

베란다와 거실을 들락날락했다.

이윽고 4호의 충전 표시등에 불이 들어왔다.

4호가 씽긋하더니 나와 눈을 맞추었다.

"안녕? 내 친구들은 잘 있니?"

어느새 다가온 아빠가 끼어들어 인사했다.

"나는 널 발명한 K의 친구란다. 반갑다."

"아하! 그 눈치 없는 아저씨!"

K아줌마가 아빠를 뭐라고 부르는지 알게 되었다.

K아줌마가 그래? 우리 아빠가 눈치 없다고?

나는 4호에게 1, 2, 3호를 데려다주고 물었다.
"왜 너만 일회용이 아니야?"
"2호도 일회용이 아니야. 난 태양, 2호는 바람!
우린 재생 에너지를 이용할 수 있거든.
2호 깨우게 선풍기를 좀 틀어 줄래?"
아빠가 냉큼 선풍기를 가져와서는 내게 설명했다.

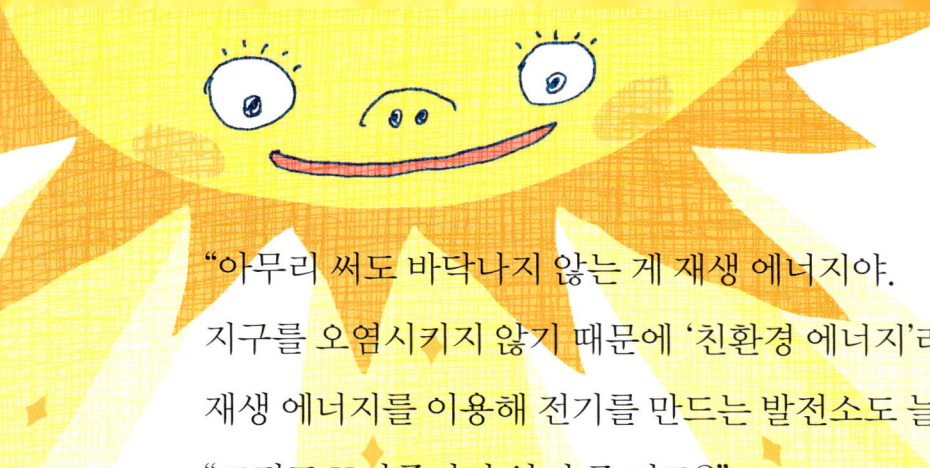

"아무리 써도 바닥나지 않는 게 재생 에너지야. 지구를 오염시키지 않기 때문에 '친환경 에너지'라고도 부르지. 재생 에너지를 이용해 전기를 만드는 발전소도 늘어나고 있어."

"그것도 K아줌마가 알려 준 거죠?"

내 말에 4호가 갑자기 고개를 돌렸다.

"아차! 깜빡할 뻔했다. 아줌마가 셋이 같이 친환경 집을 짓고 싶대."

아빠 얼굴이 아까보다 더 빨개졌다. 말도 더듬거렸다.
"하~함께, 지~집을 지어? 그니까, 그게 함께 살잔 말이니?"
아줌마가 플럭을 우리 집에 보낸 이유가 드러났다.
아빠랑 내가 전기를 아껴 쓰고, 친환경 집을 짓기를 바라는 거다.
그리고 아빠한테 고백한 거다.

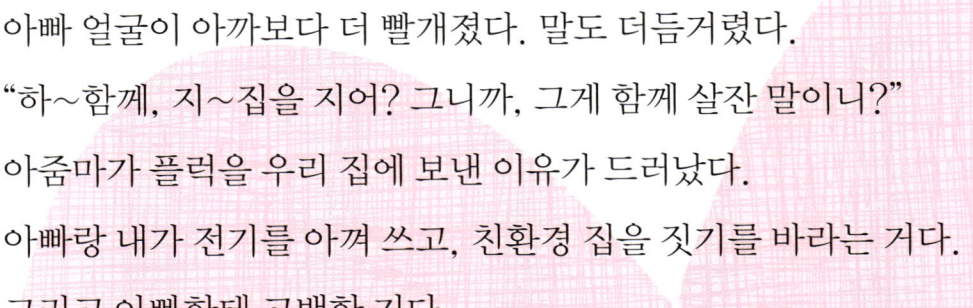

아빠는 갑자기 태양열 주택에 대해 알아봐야겠다고 했다.
허둥대는 아빠를 붙들고 내가 말했다.
"아빠, K아줌마한테 전화 먼저 하세요. 그리고 내 말도 전해 주세요.
플럭 1호랑 3호한테도 바람개비나 태양 전지를 달아 주면
생각해 본다고요."
"뭘 생각해 봐?"
아빠는 정말 눈치가 없는 것 같다.

에너지 부족 해결 방법

① 에너지 절약하기

에너지가 모자라면 발전소를 더 지으면 돼. 하지만 플럭 3호 말처럼 걱정거리가 늘어날 수도 있어. 우리가 에너지를 절약하면 어떨까? 선만 연결하면 전기를 손쉽게 사용할 수 있듯이 선만 뽑아도 전기를 아낄 수 있지. 비오네 집 여기저기에서 전기가 줄줄 새는 게 보이니? 혹시 너희들 집도 이러니? 비슷한 곳에 동그라미를 쳐 봐.

핸드폰 충전이 다 됐는데!

멀티탭이 다 켜져 있네.

수돗물을 정수하는 데도 전기가 필요해. 그러니까 물을 아끼면 전기도 아낄 수 있지.

절약형 콘센트로 바꾸면 좋을 텐데……

에너지 부족 해결 방법 ❷ 재생 에너지 이용하기

비오랑 비오 아빠랑 나는 재생 에너지를 이용하는 친환경 집을 지을 생각이야.
재생 에너지는 여러 가지가 있어. 아래 그림들은 각각 어떤 재생 에너지와 연결될까?

종이는 왜 탈까?
돋보기가 태양열을 모았기 때문이야.
태양은 열도 내뿜고 빛도 내뿜지.
햇빛을 에너지원으로 삼는다면?

풍차에는 왜 날개가 달렸을까?
바람의 힘을 이용해 물을 끌어올리기 위해서야.
힘센 바람을 에너지원으로 삼는다면?

조력 발전
밀물과 썰물의 차이가 큰 곳에 댐을 지어. ➡ 밀물 때 수문을 열어서 바닷물을 들여보내고 그 힘으로 발전기를 돌려. ➡ 썰물 때 수문을 열어서 가뒀던 물을 내보내. ➡ 내보내는 물의 힘으로 발전기를 돌리기도 해.

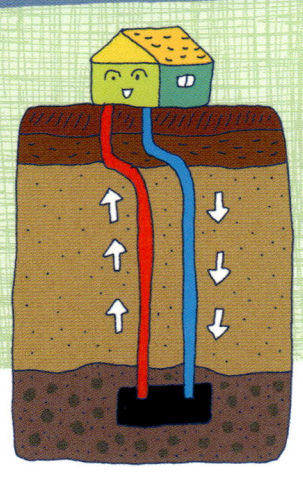

지열 발전
땅속 깊은 곳까지 구멍을 파. ➡ 관을 꽂아서 찬물을 내려보내. ➡ 찬물이 뜨거워지면 펌프로 다시 끌어올려. ➡ 이 물로 건물을 따뜻하게 할 수도 있고, 뜨거운 증기를 이용해서 발전기를 돌릴 수도 있어.

* 지열 발전소는 지진을 불러올 수도 있어 확실히 검사한 후에 지어야 해.

화산이나 온천은 왜 뜨거울까?
뜨거운 지구 내부에서 뿜어져 나오기 때문이야.
땅속 열을 에너지원으로 삼는다면?

갯벌은 왜 생길까?
밀물과 썰물 때문이야. 밀물과 썰물의 차이가 클수록 갯벌에 퇴적물이 많이 쌓이지.
밀물과 썰물을 에너지원으로 삼는다면?

태양 발전
- 태양열 주택은 지붕에 집열판을 설치해. ➡ 집열판 안에서 데워진 물로 난방을 할 수 있어.
- 태양열 발전소는 집열판을 아주 많이 설치해. ➡ 집열판에 모인 열과 빛의 힘으로 발전기를 돌려 전기를 만들어.
- 태양광 발전소는 태양 전지를 여러 개 붙인 판을 펼쳐서 햇빛을 모아. ➡ 태양 전지는 발전기가 없어도 전기를 만들 수 있어.

풍력 발전
바람이 많이 부는 곳에 풍력기를 세워. ➡ 바람이 불면 바람개비처럼 생긴 풍력기의 회전 날개가 돌아가. ➡ 날개가 발전기랑 연결되어 있어서 바람의 힘으로 발전기를 돌릴 수 있어.